JN411596

耳順驛 앞에서

壬辰 無射 松泉 車悅 題

이병석 시집

오늘의문학사

◆ 自序 ◆

외로움

괴로움

슬픔

온갖 역경도

“감사 합니다.”

한마디로 가슴에 품어야 함을,

고통까지도 감사해야 함을,

조금씩 깨달아 가고 있다.

앞에서도 그랬듯이 이번에도 졸작을 묶는데

주위의 도움이 컸다.

고맙고 감사할 따름이다.

도와주신 모든 분들께 큰절 올린다.

천주강생 이천 십이년 시월

차례

1부

2부

제1부

새들의 반란

최첨단 산업개발 이후
새들이 하늘을 떠나고 있다.

비둘기가 다가구 주택 유리처마에 똥을 쌌다. 퍼질러 쌌다. 고향마을에서는 까치가 잘 익은 과일만 골라 쪼아 먹었다. 사과도 배도 남아나지 않았다. 남해 어느 섬에서는 꿩들이 창궐하여 애써 가꾼 콩이며 팥이며 닥치는대로 갉아먹었다. 꿩섬이 되었다. 또 어느 동네에서는 백로떼가 마을을 덮쳐 온 마을을 똥천지로 만들었다.

창문을 못 열고 사람들은
똥냄새 틈서리로 하늘을 보았다.

눈이

눈이 침침하다.
글씨는 없고 먹물만 가득하다.
가슴 한구석에서
탄내가 나면서부터
산이 가라앉고
들판이 먹물에 잠겼다.
갈수록 눈곱에 재티가 낀다.
눈곱을 헤쳐 보았다.
참지 못하고 울근불근 했던
부끄러운 이력들이
더께져 있다.

가위질 論

종이를 자르다가 가위에 베었다.
상처에서 쓰다 만 편지들이 뚝뚝 떨어진다.
아버님 전상서, 어머님 전상서
사랑하는 아내여 사랑하는 내 아들아
못 다한 사연들이 상처를 비집고 나온다.

전지가위에 살을 베었다.
자라다 만 가지들이 상처를 비집고
새순을 내밀고 있다.
하다 만 공부, 짓다 만 집
부러진 가지들이 옹이 되고 있다.

옷을 마르다가 손을 베었다.
재단하다 만 옷가지들이 우우 몰려들어
농성을 한다. 맞지 않는 치수
누더기 된 입성에 대하여, 지천명에 대하여
제대로 마름질하기를!

디지털 모기

아파트 25층에서
모기에 물렸다.
지상에서 십 미터 높이도
날지 못하는 놈이 무슨 재주로
아파트 25층까지 올라왔을까
시대가 시대이니 만큼
모기도 첨단기법을 익혔을까
사람들이 약아빠진 만큼
모기도 영악해진 것일까
어느 날 엘리베이터 안에서
모기를 발견했다.
15층에서 엘리베이터가 섰다.
문이 열리자 사람보다 먼저 모기가 내렸다.
아뿔사 저 놈이 손도 안대고 코푼 놈이구나
저는 손도 안대고 사람을 시켜
15층 버튼을 누른 거였다.
15층에서 볼 일 보고 또
25층을 오를 거였다.

개미들의 행진

쌍용동 주공아파트 일대는 개미촌이다.
임대아파트 근로자아파트 분양아파트가 공존하는
주공7단지 주민은 베르베르의 개미들이다.
무한천공의 꿈을 향하여
결코 포기할 수 없는 내일을 위하여
새벽이 따로 없고 오밤중이 따로 없다.
쉽지 않기에 더더욱 물러설 수 없는
미지의 꿈을 향한 개미들의 행진
폭염 혹한 비보라 눈보라 거셀수록
개미들의 행진에 가속도가 붙는다.
한 개미가 쓰러지면 다음 개미가 나서고
그도 쓰러지면 또 다른 개미가 나서는
포기를 모르는 도전
무한대의 시간 위에서
개미들의 행진은 계속되고 있다.

梧桐

오동은 서서 소리내지 않는다.
허물 다 벗고
속 다 드러내고 발성한다.
순리대로 살고
섭리대로 소리를 낸다.
오동은 제 속내보다
서 있는 동안 살펴둔
살아생전 제몫소리 한번 못낸
이웃들의 속내를 풀어낸다.
끊일 듯 이어질 듯
여리었다가 강인해졌다가
일순간 잠겨드는 화음
오동은 누워 우주의 소리를 낸다.
오동은 누워 세상을 품는다.

길눈 뜨기

무심코 길을 걷다
시각장애인 유도블록을 만났다.
위치를 안내하는 점형블록
방향을 안내하는 선형블록
천천히 따라가다 보면
뒷덜미가 써늘하다.
멀쩡한 눈으로 정한 위치도 못 찾고
방향도 헛갈리어 가던 길 되돌아오고
목적지 주변에서 빙빙 헛걸음만 놓은
잃어버린 시간들
길눈 어두운 내 무지와 무력
점형블록에 켜로 쌓이고
선형블록에 줄줄이 쌓여간다.
저만치 기차가 들어오고
차시간도 얼마 남지 않았다.
이쯤에서 눈 딱 감고
길눈 뜨기 연습을 해야겠다.

기도 2009

제 몸에 문이 많습니다.
기쁨이 들어오는 문 슬픔이 들어오는 문
행복도 들어오고 불행도 들어옵니다.
원하옵건대 제 안으로 들어오는 모든 것들이
제 몸 밖으로 나갈 때 청정하게 하소서
기쁨이 슬픔이 되지 않게 하시고
슬픔이 슬픔으로 되돌려지지 않게 하시고
행복이 불행이 되거나 불행이
불행으로 굳지 않게 하소서
바라옵건대 제 안에 머물던 모든 것들이
몸 밖으로 나갈 때 순결한 희망이게 하소서
기쁨은 더 큰 기쁨으로 복을 낳고
슬픔은 더 없는 보약으로 만복의 거름이 되고
저의 복은 세상 모두의 복이 되게 하시고
불행은 제게서 영원히 멈추게 하소서
간청하옵건대 제 몸의 문으로 들고나는
모든 것들이 순하게 하소서 평화롭게 하소서

福壽草

분별없이 절했습니다.
돼지머리에 북어대가리에
배 포도 복숭아 고추 마늘
벚꽃 철쭉 나비 억새덤불에까지
이산 저산 후미진 바윗돌에까지
절을 올렸습니다.
票만 되면 득만 되면
네부카드네자르*의 金像에까지
넙죽넙죽 큰절을 올렸습니다.
청컨대 복수초 환한 이 계절
사드락 메삭 아벳 느고**와 같이
신유 병인 기해 참담한 凍土에서
丹心으로 피어난 복수초와 같이
삼가 한 분께만 절하게 하소서!

* **: 다니엘 3, 14~18

내 시간은

새벽이 가까워온다.
토막잠으로 지친 천근 눈꺼풀이
문지방에 엎어진다.
저만치 여명이 다가서고
째깍 째깍 시침이 옥죄어 온다.

지각없이 무리에 이끌리어
존재를 놓쳐버린 시간들이 문턱을 넘는다.
줏대 없이 흘려보낸 시간
생각 없이 손을 놓은 사람들이
뒷산 너머로 멀어진다.

- 근육이 풀리고 관절통을 반복하던 시간이
  과자처럼 부서져 내렸다 -

내 시간은 갱엿이었다.
철이 들수록 점점 물러지는
다 녹아 조청보다 더 묽어지는

마침내 땅속으로 스며들어 흔적 없이 사라지는
내 시간은 달지도 쓰지도 않았다.

발견 2009

빛이 내게 스며 녹아드는 속도에 못 미치는
둔한 知覺이 내 생체 세포를 퇴화시키고 있다.

빛이 품어 담아준 모든 사물
풀, 꽃, 나무
내 안에서 굳었다.

이름 한번 제대로 드러내지 못한 사물들
잎도 못 피우고 죽은 무수한 꽃들이
내 노화를 촉진시키고 있다.

생존전략

밥 한 술 떠 맹물에 말아 마셨다. 뜨끔하다.
밥 한 톨 못 넘기던 목으로 물범벅 밥알이 넘어갔다.

모든 게 전투였다. 백미 몇 그람 압맥 몇 그람 위하여
시궁창 하수구를 기었다. 만신창이 될 때까지 기었다.

1식 3찬 끼니는 나왔다. 아무도 먹을 수 없었다.
수돗가로 나갔다. 물에 밥 한 술 말았다.

삼십 여년 세월이 흘렀다. 살아남기 위해
맹물에 또 하루 물 말았다.

더 살아야 할 이유

기침이 멎질 않습니다.
열도 많이 납니다. 두통도 심합니다.
신종 플루 괴질이 창궐하고 있습니다.
세계보건기구에서는 유행병 확산 최고단계인
대유행이 임박했다는 우려 성명을 발표하고 있습니다.
급기야 우리나라에서도 지난 주말부터
사망자가 발생했다는 뉴스입니다.
기침이 멎질 않습니다. 신열도 계속되고 있습니다.
아직은 아닙니다.
내가 더 살아야 할 이유는 간단합니다.
울타리가 돼 주어야 할 식솔 때문만도 아닙니다.
사시사철 군말 없이 보듬어준 자연 때문만도 아닙니다.
늘 사랑으로 보살펴준 친지 친구 이웃 때문만도 아닙니다.
고향산천이 못내 아쉬워서만도 아닙니다.
내가 더 살아야 할 이유는 간단합니다.
내가 나를 위해 갚아야 할 빚이 많기 때문입니다.
내가 나를 위해 씻고 가야할
허물이 너무 많이 남았기 때문입니다.

시간으로부터의 해방

열두 시 십분 전
시계가 죽었다.
시계가 죽은 뒤로 열 한 시 오십 분부터
내 일정은 오리무중이다.
언제 어디서 무엇을 어떻게 왜 어찌했는지
알 길이 없다. 그때그때 시간에 묻어 지나간 것 밖에
기억되지 않는다 기억할 시간이 없으므로
역사는 역사 밖으로 사라졌다.
다만, 매순간 느끼는 바로 내 몸이 멀쩡하다는 것
시간 밖에 있지만 시간 속에 살고 있다는 것
신기하게도 시계는 제 죽은 시간을 통하여
나를 시간의 속박에서 해방시켰다는 것

掌印

오른쪽 팔뚝에 掌印 하나 찍혔다.
손목에서 한 치 위쯤 손자국도 선명하게
손바닥 도장이 찍혔다.
말복 무렵 옻닭을 해 드시겠다고
윤 반장님 옻나무 베고 다룬 손으로
반갑다고 덥석 내 팔을 잡으셨다.
살성이 여린 내 피부 심한 옻 알레르기로
예닐곱 번도 넘게 고초를 겪은 줄도 모르고
반가움과 아낌의 정이 넘치셨다.
하루 한나절 지났다.
처음엔 좁쌀만하게 피어오르던 열꽃이
점차 벌겋게 부풀어 꽈리를 튼다.
팔뚝에 홍자색 掌印을 찍었다.
왼손과 오른팔의 절묘한 만남
아로새겼다.
이참에 옻칠 자개농 하나 장만하여
천상이불 천상목침 쟁여놓고
세상구경 마칠 때까지 어우렁더우렁 살아봄이 어떨는지요?

촛불은 기도였습니다

바람 앞에 촛불이 있었습니다.
바람과 촛불 사이에 제가 있었습니다.
바람 잠잠할 때 촛불은 조용히 빛을 냈습니다.
그러다 갑자기 폭풍우 몰아치고
거센 바람이 덮쳐왔습니다.
금방이라도 꺼질 듯 심하게 흔들리는 촛불 앞에서
심장이 멎을 듯 제 몸도 오그라들었습니다.
갈수록 바람은 요동치고 숨넘어갈 듯
촛불은 심지 끝에서 숨을 헐떡였습니다.
옴짝달싹 못하고 숨죽이고 있는 동안
산채만한 바람이 덮쳐왔습니다.
순간, 정신이 번쩍 들었습니다.
바람과 촛불 사이의 제가 보였습니다.
움츠렸던 몸을 한껏 떨치고 섰습니다.
촛불과 바람 사이에 똑바로 섰습니다.
폭죽 터지듯 촛불이 힘차게 타올랐습니다.
제 가슴도 뜨겁게 벅차올랐습니다.
촛불은 제 삶의 간절한 기도였습니다.

내 안에 누가 있다

그의 숨소리에서 쇳소리가 난다.
자신의 체온만으로 겨울을 나는 그는
이상한파 폭설에도 담담하다.
아파트숲 외진 구석 한켠에 자리를 잡고
하루 살던 입성 그대로 눕는다.
겹겹이 껴입은 그의 입성에는 노하우가 있다.
오랜 연륜과 체험에서 얻은 노하우
때와 장소 특히 사람을 잘 살필 것
아무리 회유해도 앞에 나서지 말 것
있는 듯 없는 듯 무존재의 존재로 살 것
따라서 긴 겨울밤 칼바람에도 안전하다.
깊이 껴입은 내복에서 군고구마 냄새를 맡는다.
엄동설한 화롯불에 구워먹던 밤고구마
뜨끈뜨끈한 열기를 호흡한다.
지구온난화와 무관한 그는 기상이변과도 무관하다.
한여름에 우박이 쏟아지고 시도 때도 없이 폭설이 내려도
그의 옷은 젖지 않는다.
첨단문명이 내다버린 나노섬유 골프웨어

쓰레기통에서 잠시 빌렸다.
물 한방울 바람 한점 스며들지 않고
무엇보다 체온이 밖으로 새지 않는다.
그렇게 자신의 체온만으로 혹한을 견디는 그는
밤마다 골프를 친다. 자신이 태어난 별을 향해
동짓달 긴긴밤 다 새도록 골프채를 휘두른다.
그의 숨소리에서 쇳소리가 난다.

나는 욕심이 많다

술좌석에서 술값 내고
가끔 밥값도 내고
웬만하면 택시비도 내주니까
십 수 년째 방 두 칸 짜리 아파트에 사니까
대개 나를 욕심 없는 사람이라고 한다.
틀렸다. 실은 욕심이 많다.
나는 사람이 좋고 만나는 사람이 새롭고
어울림이 좋고
만나는 사람들이 풀어내는 세상이
좋든 싫든 그 세상이 정겹고
거기 어울리고 싶고, 그래서
쥐뿔도 없으면서 계산했다.
이 만큼 나는 욕심이 많다.
이 다음 이다음 나는 이 욕심으로 묻힐 것이다.

쓰러지지 않는

나는 그 흔한
당구도 못 치고 탁구도 못 치고
고스톱도 못 친다.
치는 데는 영 소질이 없는 나는
칠 수 없는 데에서 살아가는
방편을 찾았다.
지는 게 이기는 거고
뺏기는 게 얻는 거고
올라가지 않는 게 상책인 것을
오십 수년 가슴에 담았다.
얼마 전부터 가슴에
민들레 홀씨 하나 자라고 있다.
비바람이 몰아쳐도 쓰러지지 않는

편서풍 주의보

폭우라니
연일 호우특보라니
이 구월 중순에
추석 코앞에

곤파스 말로 태풍이 쓸고 가고
별로 남을 것도 없는
과수밭에 논배미에
달포째 퍼붓는 비

편법 불법으로 산을 파헤치고
물줄기를 틀고 그렇게
바람이 한쪽으로 쏠리더니
지구가 한쪽으로 기울더니

편서풍주의보!

지구 닮은 내 머리
한쪽으로 기울더니
쉽게 가시지 않을
이 편두통!

'훅'

내 숨 '훅' 떨어지면
모든 게 정지되겠지
내게 숨 '훅' 불어넣어
모든 게 살아 숨쉬었듯

가쁘게 숨 몰아쉬며
헐레벌떡 앞만 보고 달려온 세월
숨 한번 제대로 못 쉬고
병실 문턱에 주저앉는데

아버지께선 말씀하셨지
오르막일수록 보폭을 좁히고
내리막일수록 체중을 줄여라
어느 순간 '훅' 숨 떨어지느니

갱년기, 不眠

모래와 자갈과 양회를 버무려 층층이 쌓은
석곽더미 한 틈서리에 웅크리고 앉아
밤마다 보이지 않는 별을 찾아 헤맸다.

날 밝으면 하나 둘 떠나가고
모래와 자갈과 빈 석곽만 남은
작렬하는 태양과 거센 모래폭풍 속에서
눈뜨고 바라볼 수 있는
해를 좇아 헤맸다.

찾아주는 이 없이
모래도 자갈도 잠든 밤
홀로 깨어있는 밤
사막 빈 하늘에 달을 그렸다.
기대어 잠시 눈붙일 수 있는

기도, 2010

어머니, 저를 이제에서 하제로
부르시려거든 여기,
물 한 사발 남기고 가게 해주십시오
오르내림이 분명하고
처음부터 마침까지 제 물길로 흐르는
냇물 한 바가지 남기게 해주십시오
곧은 품성으로 늘 준엄하셨던
아버지, 저를 하제로 거두시려거든
여기, 불 한 섶 남기고 가게 해주십시오
이치 분별이 확실하고
불씨에서 재까지 진퇴가 분명한
관솔불로 떠나게 해주십시오
허락하신다면 아버지,
아랫목에서 윗목까지 고루 덥혀줄
군불 한 아궁이 남기게 해주십시오
떠날 때는 물불 제대로 가리게
해주십시오 어머니, 아버지!

밥맛

내가 한 밥 내가 먹으면
밥맛 좋다.

남이 한 밥 내가 먹으면
밥맛 되다.

내가 한 밥 남이 먹으면
밥맛 참 달다.

木蓮이 피고 있다

(봄이다. 봄은 겨울의 노후다)

기상관측 이래 유례없는 폭설, 혹한을 비집고
두 발로 꽃피우는 나무가 있다.
바다 깊숙이 물구나무서서 천년 생명력을 길어 올리는
저, 싱크로나이즈의 찬란한 발춤!
새하얀 맨발, 채 녹지 않은 자줏빛 맨발!
잔설 녹이며 맨발로 꽃피우는 나무가 있다.
참을 수 없는 부존재의 존재로 살아온
전쟁의 상흔이 평생 문신이 된 나무
할아버지 할머니 아버지 어머니 형제자매, 처자식
위로의 의무와 아래로의 책무를 숙명으로 살아온
제대로 먹도 입도 배우지도 못하고 생존의 바다
질곡의 갯고랑 진흙펄에서 억척으로 살아온 나무
자빠져 코가 깨져도 발딱 일어서 뛰고
거꾸로 매달아도 억쿨지게 목숨 움켜쥐고
허허벌판에 맨몸으로 내놔도 지악스레 살림 일궈온
암 수술 후에도 하루도 못 쉬고 출근하는 나무
다 퍼주고 껍질만으로도 더 퍼줄 게 남은
알칼리로 남기 위해 핏줄이 산성이 된 나무

바다 깊숙이 얼굴을 묻고 하늘 향해 발 뻗고 있다.
칠흑 갯고랑으로부터 연꽃이 피고 있다.

(봄이다. 봄은 겨울의 찬란한 노후다)

돈을 떠나서

작가 변영환 작품전
돈을 주제로 한 퍼포먼스, 작품 전시
지인들이 많이 모였다.
덕담을 건네고 격려 박수를 치고

작품마다 한마디씩 한다.
작가는 미소만 띠고 있다.

물질을 물질로만 보지 말고
손때 묻은 속사정도 살펴야 하느니
돈을 떠나서
나, 축의금 오만원 내고 왔다.

알았다, 아프고 나서

아프고 나서 알았다.
매일 반복되는 일상도 어제 오늘 다르고
매일 아침 뜨는 해도 어제 오늘 다름을
같은 길을 걸어도 어제 오늘 다르고
늘 제자리에 있는 산도 어제 오늘 다르다는 것을
어제의 바다가 오늘의 바다와 다르다는 것을
알았다 모든 게 변화되고 있는데도 깨닫지 못하고
살아왔음을
인간은 매순간 변화되어가는 존재이고
인간의 삶은 과거형도 미래형도 아닌 현재진행형임을
철들어간다는 게 변화되어가는
스스로의 모습을 깨달아가는 과정임을
알았다, 크게 아프고 나서

虛氣

먹은 매화 그을음을 먹고 벼루는 매화향 먹을 먹고 붓은 벼루와 먹이 뜨겁게 살 부벼 짜낸 애액을 먹고 종이는 알몸으로 붓을 끌어안고 덩더쿵 덩더쿵 天地人을 온몸으로 풀어내는데 문방사우 밖에 배곯고 있는 나는 붓은 잡아보지도 못하고 입으로만 하늘 천 따지 가마솥에 누룽지!

여행

- 여행은 일상의 고삐를 쥐고 대자연을 향하여 또박또박 걷는 거다.

공자님은 학문도야의 여행으로 평생을 마치셨다
부처님은 깨달음에 이르기까지 고행의 구도여행을 하셨다
예수님은 십자가에 달리기까지 복음 선포의 여정을 사셨다

- 여행은 인격도야의 길 수행의 길 순례의 길 세상 마칠 때까지 끝나지 않는 길 머물 수 없는 길이다.

아파트에서 나와 墓苑으로 출근하는
나는 지금 무슨 여행을 하고 있는 걸까?

물구나무를 선다

오늘도 물구나무를 선다.
끈을 놓치지 않기 위하여
뿌리 뽑히지 않기 위하여
하늘의 말씀으로 목숨을 부지하고 있는
나는 물구나무서서 세상을 본다.

엎드려 있으면 세상이 잘 보인다.
흘러가는 것 머무는 것 비켜갈 것
찬찬히 살펴보면 구석에 눟쳐둔
내 허물도 허물을 벗는다.
그렇게 물구나무를 선다.

비도 세상을 향해 물구나무를 선다.
눈도 세상을 향해 물구나무를 선다.
물구나무서서 바라보는 세상은
모태에서 웅크리고 바라본 미지
오늘도 하늘에 뿌리 두고 물구나무를 선다.

辭職書를 쓰며

필름이 돌아가고 있다.
픽션이 아닌 논픽션 현장 다큐
모노드라마이면서 정작 나는 없는
나 없이 처자식 친지 이웃 주변사람만 등장하는
흰 스크린 앞에서 머릿속이 하얘진다.

스크린 밖에서 나는
끊어진 줄에 질질 끌려가고 있다.
무저항으로 끌려가는 동안
끊어진 마디에서 맹수의 이빨이 솟아난다.
전신을 꽉 물렸다.

또 한 막이 내렸다.
늘 그랬던 것처럼 군말 없이
무대 밖으로 물러난다.
한 막이 내리면 또 한 막이 오르겠지
그러면서, 그러면서

준비물

누가 물었다.
"준비는 해놨어?"

할 말이 없다. 무엇 하나 제대로 챙긴 게 없다.
둘 밖에 없는 자식 공부도 다 못 마치고
이순 문턱에서 유축해 놓은 돈도 없고
부실한 몸은 여기저기 접질리고 속도 안 좋고
더욱이 다가올 가장 긴요한 준비를 못 했다.

돌이켜 보니 준비할 게 너무 많다.
눈 뜨고 눈 감는 순간까지 하루하루가 준비의 연속이다.
출산준비 입학준비 취업준비 결혼준비 노후준비…….
준비에는 준비물이 있다.
기저귀로부터 묘지에 이르기까지.

그토록 준비한 게 없는가?
생각해 보니 딱 하나 있다.
[장기기증희망등록증] 062602

풀잎이

개울에서 풀잎이 물 한 모금 베어 물고 전율한다.
몸 구석구석 공굴린다. 몇 번이고 자맥질하는 풀잎,
물 한 모금 더 머금고 좌선한다.
석 달 열흘 몸으로 거르고 또 거르고
물의 고향 산을 향하여 큰절 올리고
자갈 틈서리, 바윗돌 돌아 강으로 나선다.
강 깊이 머물며 온전히 몸을 헹구어내고
가벼운 발걸음으로 바다로 향한다.
개울이 고향인 풀잎,
바다 복판에서 조용히 눈을 감는다.

내 오줌엔 도수가 있다

건장마 지고 이상 고온으로 잔디마저 배배 꼬였다.

저 질긴 목숨마저 목이 타 온몸을 비트는데 하늘은 그저 뜨겁다.

불덩이가 된 대지에서 외마디 신음들이 터져 나온다.

땅속 깊숙이 숨 고르고 있던 지렁이마저 길 밖으로 나왔다.

목이 타서 어쩔 줄 모른다. 땡볕에 알몸 드러내놓고 버둥거리는 지렁이,

안되겠다, 내 오줌이라도 받아 마셔라. 엊저녁 모임에서 마셔둔

막걸리 기운이 아직 남아 있느니 어서 목축이고 너의 본성을 찾아라.

밟으면 꿈틀하는 네 고유의 무기를 힘껏 쳐들어라!

내 오줌엔 가늠할 수 없는 도수의 에너지가 살아있느니

짓밟고 핍박하는 너의 모든 적들에게 당당히 맞서라!

너의 꿈틀거림이 용트림이 되게 하라, 그리하여

참을 수 없는 존재의 사막에 단비를 내리게 하라.

하나밖에 없는 재주로도 세상을 너끈히 살아가는 굼벵이여,

너도 내 오줌을 마셔라, 맘껏 취하여 대지를 굴러라!

가진 자 틀어쥔 자 저 밖에 모르는 알량한 권력에 중독된 자들을
네 천부적인 해학으로 마음껏 조롱하라, 그리하여
온몸이 타들어가도 그저 뜨겁던 하늘이 노기를 풀고
아침이슬에 영롱히 빛나는 온유의 태양이게 하라!

기다림

아비의 기다림은,

잘 태어나 주기를 ♡ 잘 자라 주기를 ♡ 학교 잘 다녀 주기를 ♡ 군복무 잘 마치기를 ♡ 취업 잘 하기를 ♡ 좋은 짝 만나기를 ♡ 잘 살아 주기를 ♡ 죽을 때까지 잘 살아 주기를 ♡ 가족 모두 내내 건강하기를!

(기다림은 끝이 없는 인내)

제2부

싸리꽃

철부지 종아리에 피어난 꽃
선홍빛 응혈이 말한다.
석삼자 상흔이 말한다.
참을 忍 셋이면
하늘 땅 사람 모두
한가슴에 품을 수 있느니
진한 향도 품을 수 있느니

Awakening oneself

The flowers are blooming on a child's calves like the red peach blossoms.

They plainly indicate that forbearing anger just once, you can escape one hundred days of worries and everything goes well.

They teach that If I wish others to look on me as being important, looking on them as important first.

思理花
사 리 화

孩子脛膚花開中
해 자 경 부 화 개 중

說教鮮紅凝血衷
설 교 선 홍 응 혈 충

且說三字傷痕紋
차 설 삼 자 상 흔 문

百忍之下天地通
백 인 지 하 천 지 통

萬人交諧吐眞意
만 인 교 해 토 진 의

誠心正眼懷仁恭
성 심 정 안 회 인 공

절

머리 숙이는 것
하늘 이치 터득하는 것

허리 굽히는 것
땅의 이치 터득하는 것

무릎 꿇는 것
인생 이치 터득하는 것

An obeisance

The head hang lower and lower
is to understand heaven's law

The waist bend lower and lower
is to understand earth's law

The kneel down lower and lower
is to understand life's law.

拜禮
배례

詩中有天地
시중유천지

傳心而傳芳
전심이전방

今世仰何事
금세앙하사

吾惟拜文香
오유배문향

산밑에 와서

도처에 산이 있다.
어디든 사람 사는 곳에는
산이 먼저 와 기다린다.
가끔씩 안 보일 때도 있지만
감기 몸살 열병을 앓고 나서부터
산은 사람 발길 닿는 데마다
건재함을 알았다.

철들면서부터 산은
뛰어서 도달할 수 없음을 알았다.
뛰면 뛸수록 더 멀어지는
다가갈수록 멀찍이 물러앉는 산 앞에서
나는 제대로 걷는 법을 터득해야 했다.
걸어서 산에 다가설 때
세상눈이 뜨이고 귀가 밝아옴을
산밑에 와서 깨닫는다.

Over the hill, over the life

Life's hills all over there, everywhere

though they ain't behold, always wait me anywhere……

After I had a flu, I realized that life's hill was all over there…… and I could not reach there by running.

If I had big wide wings like a blue bird,

I could fly over the hills through the silver clouds.

人生苦涯
인 생 고 애

難之難至人生難
난 지 난 지 인 생 난

世事難之哀孤難
세 사 난 지 애 고 난

歷歷風霜六旬難
력 력 풍 상 육 순 난

何事難之餘生難
하 사 난 지 여 생 난

가끔 정신 놓는 게 좋다

만사 귀찮고 쌓인 스트레스로 머리 지끈지끈 아프고
더는 참을 수 없는 뭔가 치밀어 오를 때 머리 터질 것 같을 때
저녁나절 묘펄에 누워 잠시 정신 놓고 있으면
거짓말처럼 머리가 맑아진다. 깜박 정신 놓고 있는 사이
하늘새가 날아와 정수리에 박힌 부정한 생각의 찌꺼기들
짜증, 권태, 상념, 고뇌, 갈등…오만가지 근심덩어리들
부리로 콕콕 쪼아 훠이훠이 날려 보내주기 때문이다.

— 대체로 사람은 가끔 정신 놓는 게 좋다.

Once in a blue moon

Just for a while, here rest my head on the lap of green earth.

From birth not known fame and authority, also wealth frowned all life.

So, melancholy let me drink time and tide.

In bosom of saint Maria, I wait another day.

Though, once in a blue moon, time plays tricks on my life.

夢遊與聖母
몽 유 여 성 모

夢遊聖母山
몽 유 성 모 산

夢中見聖母
몽 중 견 성 모

聖母何處去
성 모 하 처 거

覺來非聖母
각 래 비 성 모

虛塚

반백을 훌쩍 넘기고도 집 한 채 못 지었다.
서른 평 스무 평은 힘들 것 같고
평 반이라도 집 한 채 지어야겠다.
지는 게 이기는 거고 손해보는 게 남는 거다
천심으로 사는 게 복이지 그런 믿음을
내 집 토대로 삼아야겠다.
땅에서 하늘까지 두드리면 열리고 구하면 얻을
하늘이 주신 가장 큰 선물 희망을 기둥으로 삼고
조상님 음덕 모든 스승과 은인들의 가르침을 대들보로
사랑하는 가족 친지 이웃을 서까래로
오만과 불손을 버리고 가장 겸손한 마음을
세속적 권위보다 참명예를 지붕으로 삼아
꾸밈없이 뼈대를 마무리해야겠다.
추녀에 저간의 그리움 고마움 간절함을 풍경으로 달아놓고
아쉬움 못다함은 보자기 깊숙이 싸맨 다음
가장 아름다운 순간 잊을 수 없는 감사의 순간들이
넓게 푸르게 펼쳐진 초원 쪽으로 창문을 내야겠다.
그리고 대문짝에 이 아무개 모년 모월 모시

바깥바람 쐬러 나왔다가 별바라기 잘하고
모년 모월 모시 돌아갔다 라고 써넣어야겠다.

Heaven's house

How fast time has flown!
Stolen on my life's wing!
My late spring has no bud, or blossom dream!
Only live the life with a poor fortune's favorite!
How be it ever mean or humble, less or late,
go toward that time leads me, and the will of God!
Until the last day when my journey is over,
and I wake eternally on the green field where death
shall be no more!

虛塚
허 총

詩耘飮酒惟獨樂
시 운 음 주 유 독 락

敦會論心朋友疎
돈 회 논 심 붕 우 소

本來此心操不事
본 래 차 심 조 불 사

醪香然後復其初
료 향 연 후 복 기 초

해와 달과 별, 그리고 나

살펴보시는 하늘의 눈
더없이 밝고 뜨겁다.

눈여겨보시는 하늘의 눈
더없이 부드럽고 따스하다.

지켜보시는 하늘의 눈
한량없이 포근하다.

들여다보시는 하늘의 눈, 내 몸 아궁이에 짚불을 지피신다.

Sun, moon, star, and I

The God whose eyes look around everything,
so, being bright and hot.
The God whose eyes take a look at everything,
so, more than being soft and warm.
The God whose eyes keep watch on everything,
so, most mild and comfortable.
The God whose eyes peep through everything,
so, making flaming fire in my heart.

日月星與我
일 월 성 여 아

日本是啻日
일 본 시 시 일

月本是啻月
월 본 시 시 월

星本是啻星
성 본 시 시 성

我本是啻我
아 본 시 시 아

時時我非我
시 시 아 비 아

時時君非君
시 시 군 비 군

天道常守道
천 도 상 수 도

天主是主天
천 주 시 주 천

* 啻(시) : 뿐.

生死

한분이 달이 차서 묘원에 입주하셨다.

그 날 그 자리,

한 여인이 달이 차서 아이를 낳았다.

生과 死, 사이좋게 마주앉아 있다.

Life and death

The deceased one who moved into heaven's.
That's when the right day,
That's where the right site,
a woman gave birth to a child.
Life and death is harmonious relations between
heaven and earth.

生死
생 사

來從何處來
래 종 하 처 래

去向何處去
거 향 하 처 거

去來無定賓
거 래 무 정 빈

遊留隨運處
유 유 수 운 처

新平 돌미륵

암 것도 안 먹어도 행복하다.

막걸리 한 잔이면 족하니 행복하다.

안주 없어도 좋으니 정말 행복하다.

한 표 찍어달라는 놈 없으니 참으로 행복하다.

Self portrait

I am being happy go without eating.
I am being happy also with a glass of rice wine.
I am being really happy
as I don't mind without an accompaniment of wine.
I am being truly happy
as I do live without a man who wants beg a vote.

新平石彌勒(自畵像)
신평석미륵 자화상

雖非飽飫膺幸福
수비포어응행복

浮醪一杯飮滿福
부료일배음만복

嘉肴靡件裕隨福
가효미반유수복

不阿於勢感眞福
불아어세감진복

* 浮醪(부료) : 쌀막걸리.

웃으면 눈이 작아지는 이유

웃으면 눈이 작아지는 이유는
보면 탐욕에 빠질
온갖 유혹의 손짓
보지 않게 하기 위함이다.

웃으면 눈이 작아지는 이유는
볼수록 상처받을
내 가족 이웃의 허물
보이지 않게 하기 위함이다.

웃으면 눈이 작아지는 이유는
낙타가 바늘귀를 통과할 수 없는 문
천국으로 들어가는 좁은 문을
볼 수 있게 하기 위함이다.

That's why the eyes get smaller as smile

That's why the eyes get smaller as smile is not to want to see a greed and a temptation.

That's why the eyes get smaller as smile is not to want to see that family's and next door's misdeeds or blames.

That's why the eyes get smaller as smile is that for one can be able to see the doorway that camels do not pass into.

笑中有答
소중유답

人不知世所以人
인부지세소이인

人不能事豈足人
인불능사기족인

人人全惺就人道
인인전성취인도

聖賢愚夫非異人
성현우부비이인

시원한 게 좋은 사람들

시원한 게 좋은 사람들
술 마시고 있다.
복더위에 끓는 탕을 찾고
한겨울에 얼큰한 냉면을 찾는 사람들
속 시원한 일 없는 사람들이
둘레둘레 술자리를 만들고 있다.

바람이 불어도 답답한 사람들
날씨가 추워도 열나는 사람들
소주병에 신열을 들어붓고
알음알음 만난 이들과
한잔 건배하고 있다.
시원한 날을 위하여 건배!

People who are fond of cool thing

People who are fond of cool thing, drinking glasses of rice-wine.

Where there, beside of the tree that fades out like a shadow.

飮浮醪木蓮下
음부료목련하

支離長夏日
지리장하일

木蓮無語香
목련무어향

世事是非厭
세사시비염

一杯時流忘
일배시류망

百泉寺 臥佛

無愧我心
지축을 베고 누우신
百泉寺 臥佛
부처님 앞에서
무슨 할 말이 더 있겠는가
거저 주시는
물맛이 부처님 말씀이니

Bakcheonsa's lying Buddha

Buddha bless of me!!!
Buddha that is lying on the ground at bakcheonsa.
I don't care what's and who's right or wrong anymore.
Buddha give a glass of water away instead of sermon.

百泉無說盡佛法
백 천 무 설 진 불 법

無愧我心
무 괴 아 심

山中臥佛
산 중 와 불

臥上地盤
와 상 지 반

百泉臥佛
백 천 와 불

何需說法
하 수 설 법

慈悲前佛
자 비 전 불

日月居諸
일 월 거 저

淡泉性佛.
담 천 성 불

* 居諸(거저) : 스스로 움직임.

비를 맞는다

비를 피하면 비가 안 오겠느냐
냅두고 도망갔을 모든
나머지를 위하여
비를
맞
는
다.

Standing out in the rain get soaking wet

Just avoided the rain, will it be rain stop?
Just for the remains which are left behind them,
Just I am standing out in the rain getting soaking wet.

隨運諧雨
수운해우

避雨奚遏其雨乎
피우해알기우호

雖然遽逃奔走惶
수연거도분주황

吾惟適雨其遺體
오유적우기유체

萬事暮煙溪聲茫
만사모연계성망

胎인대로 살게

끼어들기에 능숙해야 남 굶을 때 밥 먹고 남 걸을 때 차타고 비행기 탄다고 출근시간에 지각 않고 승진 경쟁에서 앞선다고 약삭빠른 놈이 공짜여행 가고 아파트에 당첨된다고 재주껏 비집고 들어가야 뒤처지지 않고 선진 보통시민으로 살아갈 수 있다고

이게 보편적 처세라고 다들 그런다고 덩달아 끼어들다 머리 깨지고 팔 부러지고 앞 뒤 분간 없이 만신창이 됐다고 출근길 새치기 잘못하다 차 눈 빠지고 이마 깨지고 옆구리 움푹 찌그러들었다고

그러니, 무재주가 재주라네 胎인대로 살게.

Leave me alone

To cut-in well like a snake, to astute and to sly are general trends in these days.

It is likely to…….

When it comes to cut-in, I'm a sluggard of sluggards.

But still, I have a special talent, how to do live my own's way.

Just leave me alone, let it be there as I do my own's way.

守胎心
수 태 심

美醜容分惟心通
미 추 용 분 유 심 통

賢愚幸懸自養蒙
현 우 행 현 자 양 몽

營生爲人最善窮
영 생 위 인 최 선 궁

自我成就其樂中
자 아 성 취 기 락 중

* 養蒙(양몽) : 어리석음을 깨우침.

凋落, 그 언저리

머리숱이 줄면서 가슴 평수도 줄고
보폭도 좁아졌다.
한없이 넓기만 하던 근육의 바다
시퍼렇게 출렁이던 파도의 힘줄도
산밑에서 긴장이 풀렸다.

청춘예찬, 그 아득한 기억

땅거미가 짙어질수록 노을이 곱다.
산등성이에 걸쳤다가 미끌어지듯
바다에 빠지는 노을이 곱다, 참 곱다.

추억의 바다, 기억의 강물이 소용돌이치는
바다 깊이 노을이 잠든다.

칠흑의 밤, 노을이 뒤척이고 있다.

Fade-down, the around corner

Aged and ever, hairs's downfall, breast's crushed, step and stride's narrowed.

Under the life's hill, muscle of vast ocean, sinew of blue wave are all fade down ever and ever…….

Ode to youth, the very my trace vague.

As it is dark & dark, the glow of sunset is beautiful.

The glow of sunset that fade-down to vast ocean isreally beautiful, like a heaven's silk clothes.

In the ocean that embrace my youth's trace vague, still, my aged dream dreams beautifully as youth's.

無爲凋落
무 위 조 락

太祖山上白雲飛
태 조 산 상 백 운 비

日落靜休咸池裏
일 락 정 휴 함 지 리

月到淸虛夜瀣晶
월 도 청 허 야 해 정

孰能安知爲無爲
숙 능 안 지 위 무 위

* 咸池(함지) : 해가 지는 서쪽 못.
* 瀣晶(해정) : 맑은 이슬방울.

내게, 德談

설날 아침, 눈雪과 눈이 마주쳤다.

온통 하얀 세상 그 순백의 하루하루가

검은 내 눈동자 속으로 들어와

흑진주로 활짝 빛나는 한해가 되기를!

on new year's day, words of blessing to myself

New year's day, my eyes and the snow met in with each other.

On all over the snowy world, may my pure mind, day by day, comes into dark pupil and twinkles brightly!!!

元旦有感
원단유감

歲初親隣相賀遊
세초친린상하유

嘉賓敦會暫消憂
가빈돈회잠소우

天地雪白吾心潔
천지설백오심결

但願康氣從無羞
단원강기종무수

언덕

내겐 항상 언덕이 있었다.
태어나는 순간부터
오십 중반을 넘은 오늘에 이르기까지
기댈 언덕이 있었다.
맨 처음 가족을 떠나 軍생활 할 때에도
먼 이국 땅에 있을 때에도
어김없이 언덕은 있었다.
혈연 지연 학연이 아닐지라도
생면부지, 스치다 우연히 만난 사람도
든든한 언덕일 때가 있었다.
가끔 기댈 사람이 없으면
달도 별도 내게 언덕이 되어주었다.
산도 강도 바다도 내겐
더없이 고마운 언덕이었다.
하늘이 있어 나는 외롭지 않았다.
땅이 있어 나는 슬프지 않았다.
지나고 보니 언덕은
내가 바라는 만큼 필요한 만큼 있었다.

life's hill - my friends

I had have hills which I had counted upon from birth to today .

Whenever I was a drifter or an army, they were my supporters.

Though they were not academy, blood, region-tie, Moon, star, mountain, river are real friends of mine.

As there is the sky, I am not alone.

As there is the earth, I am not alone, either.

Come to think of it, I have a lot of nice friends.

隨緣爲朋
수연위붕

世染紅塵渡幾春
세염홍진도기춘

吟弄風月自安貧
음롱풍월자안빈

賦詩酣醪秋星下
부시감료추성하

隨然爲朋守我身
수연위붕수아신

* 世染紅塵(세염홍진) : 찌든 세속에 물든 채.
* 酣醪(감료) : 막걸리를 마심

제비꽃

— 술만 먹으면·1

술만 먹으면 왜 이토록 죄송스러워진대요
아버지, 어머니?
봉분에 핀 제비꽃이 너무 가슴 아리네요
잡티 하나 없이 곱던 어머니 얼굴에
폭풍이 몰아쳐도 끄떡없던 아버지 어깨에
왠 제비꽃이 떡 버티고 있대요?
어릴 적 냇둑에 핀 제비꽃은 참 이쁘더니
오늘, 제비꽃은 왜 짓이기고 싶도록 밉대요?

violet-pansy

Slim and slender how you are!

Looking back on you, I get so sad and feel sorry for.

Deep in the mountain - seclusion from the world, added my tears in sorrow stricken.

菫花 一 述懷 一
근화 　 술회 일

輕輕飄飄花
경경표표화

回憶意嗚呼
회억의오호

遁世青山裏
둔세청산리

傷時添淚吾
상시첨누오

* 飄飄(표표) : 바람에 나부끼는 모양.
* 遁世(둔세) : 속세를 떠나 은둔 생활.

묵은 설거지

— 술만 먹으면 · 2

왜 자꾸 미안해지는지 모르겠어!
밥 한끼 제대로 안 챙겨주고 나다니는 당신한테
집보다 밖이 더 좋은 당신한테
묵은 설거지를 하면서 왜 미안한지 모르겠어
며칠째 묵혀둔 빨래를 개키면서
왜 자꾸 미안해지는지 모르겠어
술만 먹으면,

Sharing the pleasures and the pains with

Have been sharing the pleasures and the pains with together, we are the great couple who match made in heaven.

Knowing well each other, believe in and rely upon, too.

So, let's raise our children up sincerely, wait our Heaven's will.

旰洗碗 一 述懷 二
간세완 술회 이

同遊此世上
동유차세상

知音信相依
지음신상의

雲雨養花樹
운우양화수

順命與後期
순명여후기

* 雲雨養花樹(운우양화수) : 부부의 정으로 자식을 키움.
* 後期(후기) : 후일을 기약함.

객기
— 술만 먹으면·3

자꾸 내가 왜 이런다니?
사지 멀쩡해 가지고 사족도 못쓰면서
쥐뿔 벌어놓은 것도 없으면서
국민연금 타먹을 나이도 아직 멀었는데
아직 니덜 학교도 못 마쳤는데
돈 있는 양반 끗발 센 양반들한테
왜 겁 없이 대든다니?
왜 객기 부린다니 술만 먹으면?

A blind daring

Why ever did I go wrong?
Was it an illusion or a waking dream?
Do I catch a fantasy or a sleeping fortune?
Still two sons, youngsters···
Why fly out against the wield power fearlessly?
If only drunken···drunken···drunken···

客氣 一 述懷 三
객기 술회 삼

平生浮雲夢
평 생 부 운 몽

何羨白頭翁
하 선 백 두 옹

自恨一就願
자 한 일 취 원

世遺麴香充
세 유 국 향 충

*國香(국향) : 누룩 향기.

耳順驛 앞에서

기억의 점막에 묻어 있던 내 유년의 꿈
공원묘지 화장실 청소하다 발목이 삐었다.
삔 발목이 제 기억을 찾는 동안
청아제 한의원 병상에 누워 침을 맞는다.
접질린 기억이 따끔하다.
통증이 지속되면서 감각이 무뎌진다.
그랬다 기억이 자라는 동안 육체는 성장을 멈췄고
성장을 멈춰버린 육신은 더 이상 기억을 따라잡지 못했다.
기억은 무럭무럭 자라서 더 벋어갈 수 없을 때
주름 잡히기 시작했다. 머리로부터 점점 발끝을 향해
이마에 골이 패이고 볼이 쭈그러들고 목에 밭고랑이 생겼다.
주름 속에는 무수한 기억의 입자들이 숨어있다.
주름은 기억의 도서관, 생의 박물관이다.
접질린 유년의 꿈도 있고 청춘도 있고 볕에 그을린 중년도 있다.
저간의 모든 旅程이 고스란히 담겨 있다.
가끔은 주름 속의 애틋한 기억이 그리울 때가 있다.
오늘처럼 발목이 접질리는 날은 더더욱 그렇다.

꽃자리 좁은 내 푼수까지 품고 있는 주름 앞에서
耳順驛 앞에서, 삔 발목을 찬찬히 살펴본다.
문 닫을 시간이 다가오는 도서관, 박물관
반질반질 닳아버린 문지방을 살펴본다.
발끝이 종착역인 주름, 명멸의 순간
발끝에서 기억과 육체는 한 몸이 될 것이다.
처음처럼.

Before the sixtieth station.

When I was a little baby in the cradle, my parent prayed for me a wellness ever and ever.

I just thought I could live a wonderful life in angel's arms.

Time has flown on the long river's water, my little boat has sailed drifting with sorrow around the sixtieth station.

Sometimes, sailing-way was rough & weary, all I could do was I gave my life to Mother Mary freely and completely.

All the time, She would take my life tenderly and control sweetly ever and ever.

擬抵耳順有感
의 저 이 순 유 감

耳順前許落世初
이 순 전 허 낙 세 초

呱呱聲發闢寒廬
고 고 성 발 벽 한 려

隣親喜悅誠心祝
인 친 희 열 성 심 축

無故無病福裕餘
무 고 무 병 복 유 여

形心於質兩難優
형 심 어 질 양 난 우

學未能成行未修
학 미 능 성 행 미 수

歲歲推求無所就
세 세 추 구 무 소 취

年年憔悴熟傷憂
년 년 초 췌 숙 상 우

閱歷風霜非夢如
열 력 풍 상 비 몽 여

言難其盡筆難書
언 난 기 진 필 난 서

未知耳順寧天命
미 지 이 순 영 천 명

但願隨分謹身居
단 원 수 분 근 신 거

*呱呱(고고) : 아기 울음.
*寒廬(한려) : 가난한 오두막.
*形心(형심) : 몸과 마음.
*寧(영) : 어찌.
*謹身(근신) : 행동을 삼감.

*한역주해 : 耳順驛 앞에서

이순 전쯤 세상에 처음 내려와서 사내아이 울음으로 가난한 오두막을 열어 제치고 알리니, 이웃 친지들 모여 기쁨에 겨워 진심으로 축원하길 고난과 질병 없이 행복과 식록이 넉넉하길 바라셨네. 몸과 마음 그 바탕의 자질 남보다 뛰어나지 못하니 배움도, 수행도 제대로 이루지 못 하였네. 해마다 이것저것 추구해도 이룬 것 없이 몸과 마음만 초췌한 채 시름 속에 세월만 깊어 가는구나. 지난 거친 세월 어렴풋한 꿈결 같건만 말로써 다하지 못하고 글로써 다 쓰기 어렵구나. 나 아직 耳順의 이치를 모르거늘 어찌 天命인들 알겠냐만, 다만 남은 인생 내 분수에 맞춰 이 한 몸 근신하며 지내리라.

譯辯

人間이 倫理道德이 混濁해진 俗世를 벗어나 天眞無垢의 世界인 自然本位로 돌아가 사는 것이 가능할까?

實際 懷疑的인 일이긴 하나 莊子나 루소(Jean.J.Rousseau)는 無爲自然으로 돌아가길 懇切히 원했다. 特히 東洋의 儒佛仙 思想에서는 人爲的으로 自然을 毁損하고, 富貴功名을 貪하는 것을 禁忌했다. 내가 矩浦 李炳錫 詩人을 알게 된 것은 平素 呼兄呼弟로 지내는 書藝家 松泉 辛悅默 先生 紹介로 緣하여 善緣의 關係를 維持해 오고 있다. 矩浦 先生은 言語의 藝術인 詩를 通해 人間內面 天眞의 世界와 無爲自然의 意味를 隱喩的으로 傳達하고 있다. 비록 俗貌塵態가 身邊에 鷩斑犯接언정 몸소 自然을 즐기며 詩로 表現하는 모습이 眞實로 아름답다. 이에 感膺한 바 있어 淺學非文非才임에도 不具하고 幾數 選別하여 謹敢 英漢譯하게 되었다. 原作의 內容에 充實하게 하려했으나 否得이 意譯한 部分도 있고 苟且하게 文型에 얽매일까 勞心焦思한 點도 있다. 따라서 矩浦 李炳錫 詩人과 讀者들의 深深한 惠諒이 있기를 바라며, 本詩集 出刊을 衷心으로 祝賀하며 譯辯으로 代身한다.

2012年 10月 日.

月潭 劉 京 翼 謹識

題贈

矩浦自足一家詩 文文琳琅老更奇
賴子從隣衣鉢遠 詩中風流使人思
相識近來那情淺 先生名詩灑鞭枝
慧深才操常康健 羈旅煩客贈題詩

松泉 辛悅默

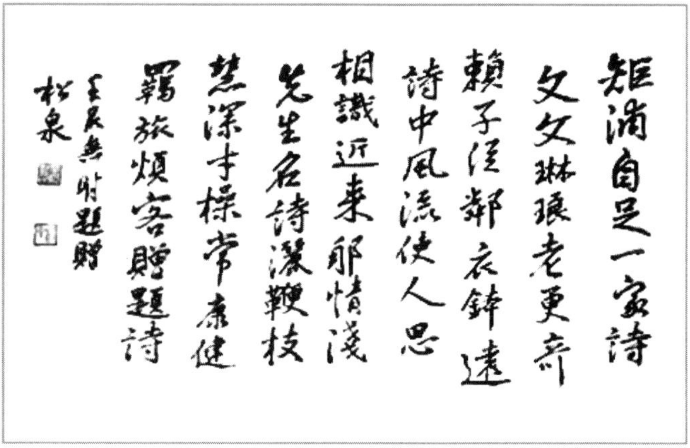

제증(축시) — 송천 신열묵(代)

구포선생 시로써 족히 일가를 이뤄 한 시대를 풍미하니, 문장마다 구슬처럼 아름답고 노련함에 기묘함마저 갖췄구나!

한글 시에 문외한이 어깨를 나란히 하여 친하려 하나 글속의 가르침의 길은 멀고 글속의 풍류만이 깊은 생각에 잠기게 하도다. 서로 알고 지낸 시간이 짧다 한들 어찌 그 속 깊은 정마저 얕겠는가? 선생의 명시가 마음의 채찍이 되어 속세의 찌든 가슴을 씻어주네. 지혜로움으로 재주를 더욱 갈고 닦아 세상을 빛내고 항상 건강하기를 빌며 속세의 시름 많은 나그네가 정표로써 한시 한 수 보낸다오.

이순역 앞에서

이병석 시집

발 행 일 | 2012년 11월 10일
지 은 이 | 이병석
발 행 인 | 李憲錫
발 행 처 | 오늘의문학사
출판등록 | 제55호(1993년 6월 23일)
주 소 | 대전광역시 동구 삼성1동 125-6 한밭오피스텔 401호
전화번호 | (042)624-2980
팩시밀리 | (042)628-2983
홈페이지 | http://www.lito77.co.kr(홈페이지)
전자우편 | hs2980@hanmail.net

공 급 처 | 한국출판협동조합
주문전화 | (070)7119-1741~2
팩시밀리 | (031)944-8234~6

ISBN 978-89-5669-527-3
값 8,000원